Penispeter und Hodenhannes –
der harte Weg bis zur Erkenntnis

wie ein kleiner Sack zum Mann in seinem Leben wird

AF190379

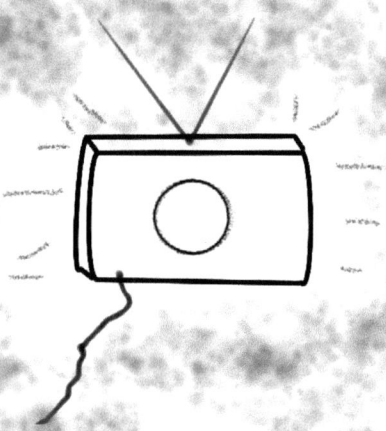

...endlich hört er mit dem Denken auf...

Ilgen Spock

Penispeter und Hodenhannes - der harte Weg bis zur Erkenntnis

wie ein kleiner Sack zum Mann in seinem Leben wird

Ilgen Spock

Die Deutsche Nationalbibliothek verzeichnet diese Publikation in der Deutschen Nationalbibliografie; detaillierte bibliografische Daten sind im Internet über http://dnb.dnb.de abrufbar.

Illustration: Ilgen Spock

Herstellung und Verlag: BoD – Books on Demand, Norderstedt

ISBN: 9-783-744-898-546

Inhaltsverzeichnis:

DIE EWIGE FREUNDSCHAFT

Es ist ein ganz normaler Samstag im Dorf. Eigentlich ist es kein Dorf mehr, sondern schon eher eine Kleinstadt. Doch dafür ist es auch wieder zu klein. Also doch ein Dorf. Ein Dorf am Rande zur nächsten Stufe.

Hier haben Freundschaften noch eine tiefe Bedeutung. Manche bestehen schon seit Generationen und werden auf die Nachkommen übertragen. Andere entwickeln sich natürlich auch im Laufe der Zeit. So wie es immer passiert, wenn viele Menschen miteinander leben.

Streit gibt es eher selten. Doch wenn es ihn gibt, dann dauert er lange. Und er ist intensiv. Da gibt es richtig was zu erzählen im Kleinstadtdorf. Es weiß dann gleich jeder bescheid und hat etwas zu melden. Schließlich kennt hier jeder jeden. Und kennt einer mal jemanden nicht, dann kennt der einen der ihn kennt.

Es ist Vormittag und zwei ganz bekannte Gesichter ziehen durch die Straßen. Es sind zwei Typen, zwei besondere Typen. Befreundet sind die schon ewig. Keiner weiß so richtig wie lange.
Und die beiden sind launisch. Immer anders drauf. Gerade der Große kann wirklich unangenehm werden. Man sollte sie nicht zu offensichtlich beobachten. Es

gibt solche Tage, an denen mögen die das nicht. Psssst –
sie kommen. Was sie wohl gerade denken?

„Was läuft der Spinner denn so schnell?
ich ihm gleich seine Beine stell.
Er weiß genau: Ich bin klein und dick!
Das sieht man auf dem ersten Blick."

„Ich kann den nicht mehr sehen. Dieser kleine träge
Sack. Wie der hinter mir her schleicht. Der kommt nicht
aus dem Knick. Der sollte sich vielleicht mal seine
Haare rasieren. Dann sieht er wenigstens wohin er
tritt."

Penispeter und Hodenhannes – die unzertrennlichen
Freunde. Ein Herz und eine Seele. Aber wie die
aussehen. Penispeter so groß und drahtig, einfach
durchtrainiert. Seine Glatze steht ihm so gut.
Und Hodenhannes? Man meint er wäre hundert Jahre
alt. So viele Falten! Und richtig schwammig ist er.
Würde er sich wenigstens pflegen. Aber seine Haare
verdecken sein Gesicht, seinen Körper, einfach alles.
Unterschiedlicher können zwei Menschen nicht sein.

„Peter, Penis, Penispeter! Wo gehn wir hin?
Welches Ziel hast du im Sinn?
Lass uns bitte kurz verschnaufen,
dabei könn wir ein Bierchen saufen!"

„Hodenhannes! Mein schlauer Freund. Das ist eine wunderbare Idee. Bisschen Mut antrinken und dann gehen wir auf Weibersuche. Ich hoffe mein Ruf ist nicht total ruiniert durch das Getratsche hier in dem Kaff. Aber wenigstens gebe ich mich aus Mitleid auch mit dir ab. Das gibt Pluspunkte!"

Beide sitzen im Biergarten. Es dauert nicht lange und Penispeter erntet heiße Blicke. Das gibt Kraft und Selbstvertrauen. Er steht nun auf und trinkt dabei sein Bier. Die Brust drückt er raus und den Bauch zieht er ein. So formschön wie er sich macht, nur wegen den flirtenden Blicken.

„Na! Hodenhannes. Das hat sich doch gelohnt hier. Schau wie die zu mir gucken. Was gammelst du so rum? Stell dich mal hin und versuch auch eine davon zu beeindrucken!"

„Er hat ja recht. Ich würde gern!
Ich möchte ihm so nacheifern.
Doch irgendwie, ich weiß nicht warum,
ich wirke einfach fett und dumm.
Sein Beisein färbt vielleicht auf mich ab,
dass ich mal bessre Chancen hab."

Doch Hodenhannes kommt einfach nicht gut an. Zumindest bei den beiden Schönheiten hat er das Nachsehen. Man sieht es deutlich an den Blicken. Sie betrachten lieber Penispeters sportliche Figur als den zotteligen Kartoffelsack Hodenhannes.

Wenn man sich die beiden so betrachtet fällt besonders auf, dass Hodenhannes einfach erschöpft wirkt.

ARBEIT, ARBEIT, ARBEIT

Ganz anders Penispeter. Er wirkt erholt und frisch, eben voller Energie.

Leicht taumelnd, es sind ein paar Bier mehr geworden, machen sie sich wieder auf die Spur.

Hodenhannes wirkt unzufrieden. Man merkt es deutlich. Er ist zwar schon immer so ein träges Sackgesicht. Aber heute ist es besonders auffällig. Er dachte schon so manches Mal über sein Leben nach.

„Macht die Arbeit denn noch Sinn;
so erschöpft wie ich dann bin?
Schichten: Früh, mal spät, mal Nacht!
Und was hat es mir gebracht?

Verbraucht und alt - so wirke ich.
Ohje! Ein Spiegel. Ich schäme mich!
Zum kotzen ist das alles hier.
Und zum Überfluss stink ich nach Bier!“

Nach diesen Gedanken fragt Hodenhannes:
„Penispeter! Es fällt auf:
Dein Wohlbefinden geht nur Berg auf.
Du scheinst erholt und voller Power.
Wie machst du das? – Erklärs genauer!
Sag mir endlich frei heraus!
Wie sieht denn deine Arbeit aus?"

„Ach Hodenhannes. Es hört wohl nie auf. Da beleidigst
du mich mit diesem Begriff: Arbeit. Ich habe dir schon
so oft gesagt, dass ich das schwer erklären kann. Erkläre
mal einem Maulwurf was ein Grundstücksmakler
macht! Er wird es nicht verstehen.
Und du begreifst genauso wenig was ich mache. Sei
froh über das was du kannst und tust. Alles andere ist
viel zu kompliziert. Ich find es toll und bewundere dich
für deine Tüchtigkeit!"

Doch Penispeter sagt nicht was er wirklich denkt:
*„Der soll mal schön weiter ordentlich arbeiten der
Idiot. Irgendjemand muss es ja tun."*

Das Bier läuft weiter und weiter. Maulwurf, Grundstücksmakler? Was ist denn das für ein Vergleich? Was
hat der Maulwurf mit dem Grundstück zu tun? Der
buddelt und buddelt, egal was mit dem Grundstück ist.

Hodenhannes denkt nicht mehr darüber nach. Er hat
ganz andere Sorgen.

„Mensch es ist erst Nachmittag.
Ich trinke hier, Schlag auf Schlag.
So richtig gut ist das glaub nicht,
ich bin schon richtiggehend dicht.
Mein Gleichgewicht, es gibt schon nach.
Bloß gut! Gebaut bin ich sehr flach.“

„Da hat der Hodenhannes wirklich mal einen Vorteil
mit seinem dicken Schwabbelkörper. Der kann nicht
umfallen. Und ich? So groß gebaut. Zu viel Bier. Ich
kann nicht mehr richtig stehen.
Ohje! Ich falle auf Hodenhannes. Da lande ich weich.“

Penispeter kann sich kaum noch halten. Er braucht
Hodenhannes jetzt dringend. Er muss ihn auffangen.
Hodenhannes weiß das genau.
Und er hilft ihm natürlich. Hodenhannes ist nun mal ein
Lieber. Er opfert sich gern für andere, gibt immer alles
und erfreut sich dann an der Dankbarkeit. Darum wird
er auch weiter arbeiten gehen. Und nicht so wie
Penispeter irgendwas erzählen von zu kompliziert oder
dergleichen. Hodenhannes ist ein Ehrenmann.

„Sei stolz dass du mir helfen kannst. Richtig kräftig bist
du. Denkt man nicht bei so einem Kartoffelsack.
Das ist alles deine Schuld! Hätten wir uns mal an die
Weiber rangeschmissen. Dann wären wir jetzt nicht so
betrunken! Aber du hast ja nur rumgelegen!“

„Was mault der rum? Er braucht mich doch!
Ich werf ihn gleich ins nächste Loch!
Doch eigentlich, so denke ich,
spricht diese Hilfe auch für mich.
Es ist doch gut das zu ertragen,
zu helfen ohne nachzufragen.

Egal was der so immer sagt,
worüber er sich so beklagt.
Ich helfe ihm und bemüh mich sehr.
Es kommt zurück! Die Welt ist fair. "

Am Abend kommt Penispeter irgendwie in sein Bett. Allein hätte er das nie geschafft. Er wäre unterwegs sicherlich irgendwo verrottet oder im eigenen Keim erstickt. Vielleicht wäre er aber auch vor ein Auto gelaufen. Oder es hätte ihn an den nahe liegenden See verschlagen. Dort wäre er dann ertrunken.
Möglichkeiten gibt es so einige. Doch wofür hat man Freunde? Freunde die aufpassen, dass man gesund in die eigenen vier Wände kommt. Freunde die allerdings auch hoffen, dass daraufhin irgendeine Art Dankbarkeit zumindest angedeutet wird.

Und Hodenhannes selbst? Man weiß es nicht. Ihm hilft keiner. Aber auch er hat es nach einigen Stunden irgendwie allein geschafft.

IMMER DAS GLEICHE

Zumindest ist es ihm gelungen, denn er wacht zu Hause auf. Die Wohnungstür steht zwar noch offen und im Korridor ist ein seltsamer Fleck. Aber er ist zu Hause. Er hat es ganz allein geschafft. Ein guter Junge.

Er geht auf seltsame Weise ins Bad und erschreckt sich wirklich sehr. Da steht ja einer! Voll vermummt im Gesicht und stierend stellt er sich vor Hodenhannes. Er erschreckt sich so fürchterlich, dass auch der andere einen Schreck bekommt.
Es ist seltsam. Der Schreck und die Bewegung. Das mit Haaren vermummte Gesicht. Den kennt Hodenhannes doch. Achso! Es ist ein Spiegel.

„Alkohol trink ich nicht mehr,
mein Schädel hämmert viel zu sehr.
Die Qual wenn ich zum Fenster seh,
da tun mir so die Augen weh.
Und der Geschmack in meinem Mund.
Ich könnte kotzen! Jede Stund.

Und erst recht der drehnde Kopf,
ich ihn gleich voll Tabletten stopf.
Gegen Schmerzen und noch Koffein,
so wird das Elend sich verziehn."

Hodenhannes sieht schlimmer aus als sonst. Und das mag was heißen. Noch wilder sein Haar und noch mehr Falten im Gesicht.

So langsam erinnert er sich an das Geschehene. Es kommt zurück. Das ist beruhigend. Aber! Was kommt da zurück? Die Beleidigungen durch Penispeter. Wie er ihn behandelt hat. Die Mundwinkel fallen nach dem kurzen Auftrieb gleich wieder nach unten.

Es dauert nicht lange und Penispeter steht vor der Tür.

„Hodenhannes. Wie geht es dir? Das war gestern ganz schön viel. Zu viel muss ich sagen. Aber ich bin gut nach Hause gekommen. Ich habe mich halt trotzdem unter Kontrolle.

Und bei dir? So ein asozialer Fleck mitten im Eingang. Das ist ja peinlich. Machst du das nicht weg? Schau mich an. Mir geht es zwar nicht gut. Aber ich sehe blendend aus. Du bist peinlich! Wirklich!"

„Ich weiß nicht was ich sagen soll.
Ich bin noch immer ganz schön voll."

Hodenhannes kann nicht viel reden. Jedes Wort wird von der Angst begleitet, dass ein wenig Mageninhalt unkontrolliert aus dem Gesicht fällt.

Einige Zeit später raffen sich die beiden auf und gehen einkaufen. Langsam kommt der Hunger durch.

Einige Momente danach im Geschäft. Da ist sie! So ein Anblick. Ein echter Traum und wunderschön. Penispeter will natürlich anbändeln. Das will er immer.

„Hodenhannes! Lächel mal. Wenn du trinken kannst musst du es auch wegstecken können. Was bist du für eine Mimose!"

Natürlich sagt er es so laut, so betonend, dass das schöne Weibchen davon Notiz nehmen muss. „Was für ein Mann!" soll sie wohl denken. Aber ihre Blicke sagen eher: „Was sind das für Chaoten?"

„Der Idiot! Er tut es wieder.
Macht mich grundlos richtig nieder.
Warum ich mich nicht verbal räche?
Ich habe Angst, dass ich erbreche.
Jedes Mal die gleichen Tücken!
Sein Ego wächst auf meinem Rücken.
Mich drückt es runter, ich knicke ein.
So muss es wohl bei Freundschaft sein!?"

„Penispeter! Geh doch hin!
Du bist so toll! Es hätte Sinn.
Ich weiß wie peinlich ich ausschau.
Ich hoff, dass ichs dir nicht versau."

„Du musst mir nicht sagen was zu tun ist. Das weiß ich sehr wohl selber! Aber sie muss den Eindruck haben, dass ich nicht so bin wie du. Mit dem Gesaufe. Ich bin es ja auch nicht. Aber sie muss es wissen. Ich weiß wie! Stell dich neben sie und taumel rum. Los! Mach schon!"

„Ich werde es tun. Es fällt mir leicht.
ich hoffe, dass er was erreicht."

„Mensch du peinlicher Kerl! Geh von der Lady weg! Das kann doch nicht sein. Langsam habe ich keine Lust mehr auf diese Freundschaft. Immer blamierst du mich und ich muss deine Fehler ausbaden. Diese Nacht habe ich kaum schlafen können wegen deinem Mist. Ich musste ständig aufpassen! Und hier geht das weiter!"

Tatsächlich. Penispeters Plan funktioniert. Sie schaut ihn auf einmal mit ganz anderen Augen an.

„Es ist wie immer! Für ihn ists gut.
Er hat eben auch richtig Mut.
Ich hingegen? Ich hab Bange!
Erfolg versagt bei mir schon lange.
Woran mag das denn wirklich liegen?
Ich tu mich doch für ihn verbiegen.
Das muss doch irgendwann was bringen!?
Ich mach weiter so! Es wird gelingen."

Sogar Penispeter spricht ihm auf einmal gut zu.

„Sei geduldig! Jeder hat mal Glück und Erfolg."

WARTEN BIS ES ZU SPÄT IST

Eines muss man Penispeter lassen. Er weiß wann er was sagen muss. Da kann er noch so betrunken sein oder einen Kater haben. Da können noch so schöne Frauen kommen. Den Hodenhannes bekommt er trotzdem beruhigt und motiviert.

Und so kommt es, dass Hodenhannes für Penispeter gern weiter seine Opfer bringt.

Penispeter geht nun richtig ran. Der Zustand nach so einem alkoholreichen Tag ist sowieso immer etwas besonders. Penispeter hat richtig Lust und gleichzeitig eine Art Gleichgültigkeit, die ihn etwas unnahbar erscheinen lässt. Er ist zwar müde aber spitz. Eigentlich nichts tun. Aber Sex geht immer.

„Hei schöne Frau! Ich habe eine tolle Nachricht für dich. Ich sehe es. Du bist unentschlossen. Traust dich nicht. Ich sag dir was. Ich bin erreichbar für dich. Ja wirklich! Wenn du möchtest. Ich würde mich tatsächlich mit dir abgeben."

„Was ist das für ein dummer Spruch?
Da hat sie von ihm gleich genuch!
...
Doch nicht!? Was ich da so seh.
Ich die Welt nicht mehr versteh."

Sie schmeißt sich so an Penispeter ran. Das ist unvorstellbar. Und nun? Der Druck baut sich im Körper auf, das Blut zirkuliert. Penispeter wird größer und steht da, voller Stolz!

Und jetzt? Er muss es verbergen und schafft das gerade so. Sein Kopf fängt nämlich mächtig an zu hämmern. Es sind einfach extreme Schmerzen. Ja, da kommt der Kater wieder.

Was nun? Müde, ziemlich erregt und enormes Kopfweh. Und die Chance auf eine richtig heiße Frau. Wie löst man das?

„Mein guter Freund. Hodenhannes. Ich brauch deine Hilfe. Ich schaffe das sonst nicht. Ich krieg das nicht hin mit den Kopfschmerzen. Pass auf! Du hilfst mir und ich sorge dafür, dass du nach mir drauf kannst. Ich weiß schon wie ich das mache. Ich verspreche es dir!"

„Hm! Ich hab schon lang nicht mehr.
Und Bock habe ich ziemlich sehr.
Nur nach dem(!) über sie rutschen,
in seine Rester hineinflutschen?
Irgendwie - schön ist das nicht!
Doch ob ich deswegen verzicht?
Sonst gehn wir beide in die Wanne.
Ich mach sie sauber für meine Tanne!"

„OK mein Freund, wir tun es so!
Du nimmst vorn, dann ich den Po!"

Der Plan steht. Und es ist ein guter Plan. Wie zwei beste Freunde eben sind.

„Hodenhannes. Besorg mir Schmerztabletten für meinen Schädel. Der hämmert wie verrückt. Du musst sie mir irgendwie versteckt geben. Ich lass die Türe offen. Aber verhalt dich leise! Denke daran. Sonst versaust du es dir nur selbst!"

„Jetzt muss ich aber hinne machen,
sonst hat der Gute nichts zu lachen.
Schnell Tabletten kaufen gehn!
Sonst wird er den Akt nicht bestehn."

Jetzt ist Hodenhannes erstmal richtig unter Stress. Natürlich tut auch ihm ordentlich der Kopf weh. Aber die Vorfreude auf das schöne Weib lässt ihn den Schmerz ertragen.
Er rennt durch die Stadt und zur nächsten Apotheke. Und dann? Keine Pause. Zurück zu Penispeter. Er braucht sie dringend. Der ist nicht so tapfer und kann mit solchen Kopfschmerzen einfach keine Leistung bringen.

„Ah! Die Wohnung, endlich gefunden!
Ohje! Die Füße! Offne Wunden.
Beim Rennen hab ich mich verletzt,
wieder zu schnell rumgehetzt.

Die Türe offen. Ich geh rein.
Wo werden wohl die beiden sein?
Ich höre wilde Stöhnerei,
die sind wohl schon mitten dabei.

Wenn ich mich ganz flach gestalte;
sieht sie mich nicht, die geile Alte.
So pirsch ich mich an das Bett ran.
Oh die Brüste: Mann oh Mann!

Autsch!! Oh Mann! Mein Kopf – das schmerzt!
Die Lampe direkt drauf gestürzt.
Penispeter sieht mich ningeln,
er wöllte sich vor Lachen gringeln.

Doch heimlich-beherrscht nimmt er die Pille,
ich verschwind in aller Stille.
Kurz dreh ich mich nochmals rum,
Penispeter guckt ganz dumm.
Er fordert nun, man glaubt es kaum,
etwas zum Potenz aufbaun.

Ich rase wieder zu Fuß geschwind.
Dass ich schnell was Gutes find.
Denn Peter zeigt mir nochmals an:
Gleich nach ihm bin ich dann dran."

Hodenhannes ist wirklich nicht zu beneiden. Erneut
rennt er zur Apotheke. Vollkommen erschöpft und

schmerzerfüllt besorgt er das beste Viagra für Penispeter. Tja! Unter Alkohol ist der Wille stark und die Schwäche stärker. Ohne Hilfe geht da nichts.

„Endlich geschafft, es ist so weit.
Und wie ich seh. Es wurde Zeit.
Penispeter hängt schon ab,
die Kapseln bring ihn gleich auf Trapp.

Und wieder schleiche ich mich hin,
schieb ihm die Kapsel übers Kinn.
So macht er weiter wie verrückt,
er alles in die Frau rein drückt.
Ich erschöpft und voller Schmerz;
liege da und beruhig mein Herz. "

„Hodenhannes. Ich bin fertig. Oh man. Ich bin durch. Ich hoffe du kannst mit mir mithalten. Ich muss jetzt schlafen. Geb dir richtig Mühe. Ich habe dich gelobt und sie total heiß gemacht. Die will den Hodenmann. Wenn du jetzt versagst helf ich dir nie wieder!"

„Danke dir! Ich bin so weit.
Hat sie schon die Beine breit?
Endlich komme ich zum Schuss,
das Glück auch mal zu mir komm muss."

Doch Hodenhannes tut alles weh. Bewegen? Er kann es nicht. Sein Rücken, sein Herz und sein Kopf. Er ist am Ende. Gewartet, gearbeitet und die Hoffnung. Was nun?

„Endlich könnte ich genießen,
doch jetzt kann man mich nur erschießen.
Ewig Arbeit und die Mühe,
wie eine Pflanze ich verblühe.
Die Hoffnung trieb mich gut voran.
Zu weit bis hier, das war es dann.

Es erinnert an mein Vater.
Sieht heut fast aus wie ein Hader.
Sein Leben lang ganz schwer gerackt,
zum Rentenstart er dann versackt.

Tun könnt er Vieles. Die Zeit ist da.
Doch der Körper machts nicht wahr.
Genauso geht es mir hierbei.
Ich wirk wie ein zerschlagnes Ei. "

Hodenhannes geht nach Hause. Er will nicht mehr. Aber dem Penispeter macht er natürlich keine Vorwürfe. Er hat ja sein Wort gehalten. Er hat ihm die Frau verschafft.
Doch hätte er ihm nicht einfach mal eher sein Glück gönnen können?
Wie dem auch sei. Hodenhannes geht nach Hause und ins Bett. Er schläft und erholt sich. Seine Wunden

müssen heilen und sein geschundener Körper muss neue Kraft tanken.

Und Penispeter? Der liegt auf der Couch. Erschöpft und befriedigt träumt er vor sich hin. Beide sind müde. Der eine von den Freuden des Lebens und der andere ohne den diese Freuden nicht möglich gewesen wären.

ALLES NUR VERARSCHE

Hodenhannes hat nun einmal richtig lange ausgeschlafen. Es tat ihm gut. Er sieht auch wieder etwas gesünder aus. Zumindest haben die Falten auf seinem Körper keine Falten mehr. Aber es dauert nicht lange und… ihm fällt ein: Er hat gestern eine gute Chance verpasst. Und! Diese Chance ist weg. Sie kommt nie wieder. Das ist schon sehr ärgerlich.
Doch Hodenhannes hat in seinem Leben gelernt nach vorn zu schauen. Sich nicht über Vergangenes zu ärgern. Jedenfalls nicht übermäßig lange.
Heute bekommt er Besuch. Es ist seine enge Verwandtschaft. Oder langjährige tiefe Freunde. So genau weiß das keiner. Sie heißen LEi und REi, auch so geschrieben. Das sind zwei seltsame Typen. Sie sehen ein wenig aus wie zwei Eier. Aber sie sind gute und verlässliche Freunde. Hodenhannes konnte sich immer

auf sie stützen. Wenn die drei zusammen sind, dann wirken sie wie eine unschlagbare Einheit.
Hodenhannes scheint seine Rolle dabei zu genießen. LEi und REi bewundern ihn und blicken zu ihm auf. Sie hören auf ihn und beneiden ihn um seine Intelligenz.
Hodenhannes berichtet gleich vom gestrigen Tage, allerdings etwas abgewandelt.

„Mensch ich muss euch was erzählen:
Gestern wars, ich konnte wählen.
Nämlich zwischen manchen Fraun.
Genauso wars! Ihr könnt mir vertraun.

Mit Penispeter zog ich rum.
Nun glaubt mir mal! Schaut nicht so dumm!
Wir trafen ein so schönes Weib,
ich wusste dass ichs mit ihr bald treib.
Und wirklich! Es geschah ganz leicht.
Ich hab das Ziel sofort erreicht.

Ein wenig half mir Penispeter,
drum durft auch er und ich dann später.
Doch Fakt ist, und das ist so klar,
von uns beiden war ich der Star!“

LEi und REi glauben ihrem vertrauten Partner Hodenhannes. Auch sie wollen gern einmal wieder zum Schuss kommen. Es ist schwer eine Frau zu finden. Sie sind zwar zu zweit, es gibt viele Frauen die sich von zwei Kerlen verwöhnen lassen wollen. Aber sie sehen einfach nicht gut aus. Eben ein Körper wie ein Ei.

Der kleine spitze Kopf geht fließend in den Hals über. Der Hals ist dicklich und hebt sich optisch kaum vom Oberkörper ab. Die üppigen Taillen und die fetten Hintern der beiden sorgen für eine Verbreiterung der Erscheinung in Richtung Bodennähe. Nur die Beine darunter wirken etwas dünner. Jedoch sehr sehr kurz.

LEi und REi beschließen zu Penispeter zu gehen. Sie wollen herausfinden wie er dem Hodenhannes geholfen hat. Wenn die nur wüssten wie es wirklich lief.

„Was? Ihr zwei Spinner wollt eine Frau klar machen? Habt ihr jemals euren Schwanz gesehen? Bei diesen Körpern ist das doch schwer. Habt ihr denn überhaut einen?"

Die zwei wollen gerade wieder gehen, da fällt Penispeter etwas ein. Er ist gemein! Aber nicht dumm.

„OK. Ihr meint es ernst. Tut mir leid. Natürlich habt ihr einen Schwanz. Ich rieche es doch. Also passt auf. Ich habe hier solchen Schmuck. Wunderschönen Schmuck. Den habe ich vom Urlaub aus einem fernen Land mitgebracht.

Die Weiber stehen darauf. Damit bekommt ihr jede rum. Er zeugt von Geschmack und Reichtum. Von Stil und Charme. Tragt den und sie werden euch zu Füßen liegen. Schaut Hodenhannes an. Er hatte nicht einmal diesen Schmuck. Allein weil ich ihn trug haben die Weiber auch ihn vergöttert. Ihr könnt nicht verlieren.

ABER! Wenn ihr ihn habt, dann hab ich ihn nicht mehr. Ich bin selbstlos bereit eine gewisse Zeit darauf zu verzichten. Für euch und euren Erfolg. Weil ihr mir als gute Freunde von Hodenhannes wichtig seid.
Einen kleinen Obolus möchte ich dennoch haben. Jeder bekommt fünf Schmuckstücke. Ich passe auf! Und in einem Monat gibt mir jeder sechs Schmuckstücke dieser Art zurück. Als kleine Entschädigung. Denn ich werde in dieser langen Zeit keinen derartig guten Erfolg bei den Frauen haben."

Begeistert von dem kleinen Preis sagen LEi und REi sofort zu. Sie werden jeweils das sechste Schmuckstück schon auftreiben. Im Internet oder irgendwo anders. Darüber wird jetzt noch nicht nachgedacht.

„Aber macht euch keinen Stress. Wenn ihr mir nicht sechs Schmuckstücke zurück geben könnt, dann bekomm ich die Nummern der Weiber. Und wenn das auch nicht geht, dann bezahlt mir eben das fehlende Stück. Wichtig ist nur: Ich bekomme etwas!"

Vor Freude strahlend ziehen sie los. Und die Frauen? Rotgelbe Ketten und grüne Ohrringe? Ein dickes Armband in Form eines Schmetterlings? Exotisch wirken die Schmuckstücke schon. Die gibt es so wirklich nicht zu kaufen. Kein Wunder! Das trägt auch kein Mensch.

Nach knappen vier Stunden ohne Erfolg besuchen die beiden Hodenhannes wieder. Sie sind noch immer voller Euphorie und zeigen stolz die Schmuckstücke. Sie erzählen von ihrem tollen Deal mit Penispeter. Dass sie nur ein Stück mehr zurück geben müssen.
Und wenn das nicht klappen sollte, dann bekommt er die Nummern der Weiber oder etwas Geld. Schon während sie das erzählen sacken ihre Mundwinkel nach unten. Ihre Gesichter sehen jetzt aus wie der Hodenhannes. Faltige Kartoffelsäcke ohne Form und Verstand.

„So blöd kann man doch nicht sein!
Ihr fallt auf diesen Trick herein?
Verlorn habt ihr auf jeden Fall.
Wie beim Zins! Ihr habt ein Knall!

REi! Gibst du LEi eins?
Wenn du das tust, wo ist dann deins?
Dir fehlen dann auf einmal zwei,
dann gehst du vielleicht zu nem Verleih?
Doch dann stehst du dort in der Kreide.
Dann bist du arm! Was man gern meide.

Wie auch immer ihr es dreht.
Ihr seid Verlierer, es ist zu spät.

Bekommt ihr wirklich eine Frau,
gebt ihr sie ihm! Und das für lau.
Klappt es nicht dann gebt ihr Geld,
was Penispeter auch gefällt.

Im dümmsten Fall bekommt er Schmuck.
Nützt ihm wenig in dem Luck.
Was ihr tut, das ist nur krank!
Das Geschäft von einer Bank."

LEi und REi erkennen so langsam ihren Fehler. Hätten
sie einmal eher nachgedacht. Bloß keine Schulden
machen. Das wissen sie jetzt.
Und obendrein hat Hodenhannes nie diesen Schmuck an
Penispeter gesehen. Nutzloses Zeug also und Penispeter
hat das wohl Beste daraus gemacht. Zumindest das
Beste für sich.

DER KINOBESUCH

Hodenhannes hat sich vorgenommen Penispeter nicht
auf den Betrug anzusprechen. Er würde ihm nur wieder
Illoyalität unterstellen und dass er sich gegen ihn
verschworen hätte. Im Grunde ist es ja auch kein
Betrug, sondern ein eher unfaires Geschäft. Ein

Geschäft welches die drei geschlossen haben. Dass LEi und REi dabei nur verlieren können ist ja deren Sache. Sie sind erwachsen.

Aber Penispeter scheint ein wenig reumütig zu sein. So ganz wohl fühlt er sich da nicht mit seinem Verhalten. Vielleicht wird das mit der Zeit weniger. Irgendwann hat er sich an dieses seltsame Gefühl des Betruges gewöhnt und dann findet er das ganz normal.

„Was machen wir denn heute? Vielleicht ins Kino gehen? Ich würde dich sogar mal einladen."

„Von mir aus gern. Wie kommts dazu?
Der Geizige warst immer du."

„Frag nicht so! Ich tu es eben einfach. Wo ist schon wieder dein Problem? Ich kann es auch lassen."

„So empfindlich wie er ist,
er schämt sich schon für diese List.
Oder treibt er das schon lange?
Findet Opfer von der Stange?
Dann wäre das schmutziges Geld...
und diese Einladung entfällt.

Obwohl!? Es ist mir eigentlich egal,
die andren kenne ich nicht mal.
Geld ergaunert oder nicht,
auf ein Geschenk ich nicht verzicht!"

Jaja, Moral ist wählerisch. Und wenn es um eigene Vorteile geht, dann ist man gern nachsichtig.

Und wieder das alte Leiden. Hodenhannes kommt nur beschwerlich voran. Penispeter stolziert wieder mit breiter Brust vorn weg und Hodenhannes kommt so langsam hinterher geschliffen. Penispeter scheint sichtlich genervt davon, behält aber die Ruhe.
Hodenhannes ist am Bauch schon ganz schmutzig. Sie müssen wissen, dass dieser Bauch fast immer auf dem Boden schleift. Natürlich bleibt dort allerhand hängen.

Welchen Film werden die beiden wohl schauen? Sie entscheiden sich für „Alarm im Darm Teil fünf". Die ersten vier Filme haben sie schon gesehen und waren begeistert. Was wird bei der Fortsetzung wohl passieren?
Hodenhannes muss nochmal auf das Klo. Genau genommen ans Pissoire. Es ist wie so oft. Das Ding hängt zu weit oben für den kleinen dicken Sack. Da kommt er nie ran. Und nun? Er muss doch so eilig. Er schaut. Es kommt keiner. Schnell entledigt er sich in den Abfluss auf dem Boden, mitten im Raum. So ein Ferkel.

„Da bist du endlich. Was dauert da so lange? Ich will unbedingt den Vorspann gucken. Da kommt der Trailer zu „Blair Bitch Projekt". Den muss ich sehen!"

„Geduld! Nur noch etwas zu essen,
das dürfen wir jetzt nicht vergessen.
Im Kino sollt es reichlich sein,
ohne geh ich da nicht rein.
Popcorn und Cola - alles her!
Ich komme später und hol mehr."

„Kein Wunder, dass du immer fetter wirst. Pass doch
mal auf dich auf! Das ist ja peinlich."

Endlich gehen beide in den Kinosaal. Natürlich haben
sie tolle Plätze bekommen. Es ist ja alles frei. Die
meisten scheinen den Film wohl lieber allein zu
schauen. Oder zumindest in vertrauter Zweisamkeit.

„Verdammt! Das ist ein schöner Sitz.
Doch was ich seh - es ist ein Witz.
Irgendwie bin ich zu klein,
fall zu tief in den Sitz rein.
Ich seh nur die blöde Lehne!
Das Ding ich auseinander nehme!"

„Penispeter! Helf mir mal!
Dieser Sitz der ist aus Stahl.
Den müssen wir auseinander nehm,
sonst kann ich überhaupt nichts sehn.
Denn stehen kann ich nicht im Raum.
Zu dick bin ich, man glaubt es kaum."

„Na gut. Ich trete das Ding weg. Und dann gibst du Ruhe! Verstanden?"

Ein paar scheppernde Tritte später und Hodenhannes hat sein lang ersehntes freies Blickfeld. Endlich kann der Film beginnen.

„Ich muss den bei Laune halten. Eigentlich ist es nur peinlich. Dieser kleine fette Sack. Schaufelt sich das ganze Zeug rein. Aber soll er doch."

Der Film ist zu Ende und beide sind total begeistert. Die Handlung und der geistige Anspruch, es ist wirklich bemerkenswert.
Hodenhannes möchte jetzt heim und früh ins Bett. Morgen hat er einen wichtigen Tag vor sich.

„Wünsch mir Glück! Es ist wichtig.
Ich hoffe morgen läuft es richtig.
Auf Arbeit gibts ne gute Stelle,
viel mehr Geld auf alle Fälle."

„Dann geb dir richtig Mühe. Und stehe aufrecht. Nicht immer so zusammengesackt. Mach was draus!"

GELD UND FREIHEIT

Hodenhannes wird am nächsten Tag sehr zeitig wach. Aufgrund seiner Körperform kann man zwar nie eindeutig sagen ob er liegt oder steht. Allerdings zeugen seine aufgerissenen Augen und der starre Blick von extremer Wachheit. Noch ein paar Stunden und es ist so weit.

Er versucht gelassen zu sein und alles in Ruhe anzugehen. Er hat ja eine sichere Anstellung. Wenn es nicht klappt, dann bleibt eben alles wie es ist. Und so schlecht geht es ihm ja auch nicht.
Aber klappt es mit der Ruhe?

„Verdammt! Was bin ich aufgeregt.
Mein Herz mir bis zum Halse schlägt.
Gelassen sein? Wie könnt ich nur!
Im Leben wärs ne neue Spur.
Mehr Geld und Achtung bekäm ich dann!
Ich wäre dann ein ganzer Mann!"

Acht Kaffee später startet Hodenhannes in Richtung Arbeit. Alle Dialoge, alle Fragen und alle möglichen Situationen spielt er im Geiste durch. Seine Falten versucht er zu verbergen, indem er gekonnt seine Haare darüber legt. Ein Kaffee noch, sodass er nicht zu verschlafen aussieht. Noch einmal auf Toilette. Die

Hände waschen und das Gesicht erfrischen. Im Vorzimmer wartet er.
Und es geht los. Die wichtigste Frage muss er gleich zu Beginn beantworten. Warum ist er für die Stelle so gut geeignet?

„Ich bin der Beste für die Stelle,
denn ich bin schlau, besonders helle.
Schon lang bin ich in der Fabrik,
arbeite stehts mit viel Geschick.
Krank gewesen bin ich nie!
Zieh immer durch, so wie ein Vieh.

Ehrlichkeit ist bei mir Pflicht.
Lügerei? Die liegt mir nicht.
Die Arbeit ist mein Lebenssinn,
steh mit allem Ehrgeiz drin.
Und Lernbereitschaft liebe ich,
für jeden Chef bücke ich mich.

Autoritäten! Ich respektier sie voll,
dienen kann ich wirklich toll.
Das Beste an mir, so kann man sagen:
Ich würde mich auch nie beklagen!
So bin ich voller Tatendrang
ein Bückling für den Chefgesang."

So hat sich Hodenhannes das nicht vorgestellt. So leicht und kurz das Gespräch. Er hat sich wirklich toll vorbereitet und er weiß worauf es ankommt. Und verkauft hat er sich wirklich gut.

Hörig wartet er vor dem Zimmer. Schweiß auf der Stirn und zitternde Hände verraten seine Anspannung.

Und was passiert im Raum? Der Chef und die Mitarbeiterin der Personalabteilung lassen es richtig krachen. Je kürzer das Gespräch lief, desto mehr Zeit haben sie. Und sie treiben es auf dem Tisch, auf dem Kopierer und in der Büroküche. Das ist Leidenschaft!

„Herr Hodenhannes. Nach ausführlicher Beratung haben wir beschlossen sie für die Stelle auszuwählen. Wir denken, dass sie der Sache gewachsen sind. "

Hodenhannes hat sie bekommen! Es ist wahr geworden. Sein Traum hat sich erfüllt. Mehr Anerkennung und mehr Ansehen vor seinen Freunden und vor allem vor Penispeter. Und wie hat er das geschafft? Durch Fleiß, Ehrgeiz und ganz besonders durch totale Hingabe an den neuen Chef.

Mit dem neuen Arbeitsvertrag und dem höheren Gehalt geht Hodenhannes direkt zu Penispeter und erzählt ihm alles.

„Das Gespräch - es war schon krass!
Darum ist auch mein Hemd so nass.
Sie warn zu fünft und fragten viel,
meine Schlagfertigkeit ihnen gefiel.

Und dann bekam ich schwere Themen,
doch Routine konnt man mir nicht nehmen.
Zwei der fünf waren Psychofritzen.
Sie sagten nichts, taten nur sitzen.
Die waren ruhig und konzentriert.
Sie haben mich genau studiert.

Knapp zwei Stunden ging es dann,
am Ende kam es nun drauf an.
Ein Intelligenztest mitten drin.
IQ 140! Und ich durfte beginn.
Voll begeistert entschied man sich
unmittelbar danach für mich."

„Glückwunsch Hodenhannes. Wirklich stark gemacht.
Du hast es echt drauf. Und mehr Kohle. Das ist das
Wichtigste find ich.
Weißt du was du jetzt gleich machen solltest? Du kaufst
dir ein richtig geiles, neues, großes Auto. Das kannst du
auf Raten machen. Du bekommst doch jetzt sowieso
jeden Kredit. Da kannst du gleich morgen losziehen. Ich
sage dir: Die Weiber werden drauf abfahren. So ein
Auto sagt es deutlich: Ich steh im Leben! Ich kann dir
alles bieten! Ich bin ein Gewinner!"

Das gefällt Hodenhannes natürlich. Er ist immerhin sehr
stolz auf seinen neuen Job. Und natürlich soll auch jeder
wissen, dass er ein Erfolgstyp ist. Und auf diese Weise
kann er es natürlich am besten zeigen.

„Ich möchte, dass es jeder weiß.
Ich hab Erfolg durch meinen Fleiß!
Ich muss es jedem Menschen zeigen,
mein Einkommen wird rasant steigen.
Ich geb Geld aus! So wird man es sehn.
Die Erinnerung an mich bleibt jedem bestehn."

So soll es sein. Hodenhannes fackelt nicht lange. Angetrieben von seinem neuen Verdienst sucht er sich einen richtig geilen Schlitten raus. So wertet er sich schon ziemlich auf. Er ist damit wirklich ein ganz besonderer Mensch. Jetzt ist er zwar noch immer klein, schwabbelig und verfaltet. Aber! Er hat ein Auto der Reichen. Und das ist viel wichtiger.

„So ist es richtig. Jetzt machst du was her. Keiner wird mehr merken was du eigentlich für ein hässlicher Sack bist. Dann kaufst du dir am besten noch paar richtig gute Sachen und alles was dazu gehört. Eine teure Uhr zum Beispiel. Du wirst ein ganz Großer."

„Ich fühl mich groß und akzeptiert,
jeder nach dem Wagen stiert.
Viele hätten den so gern,
für die liegt der sowas von fern.
Für mich jedoch ist er real,
so bin auch ich die erste Wahl."

Konsum ist geil. Kaufen sie heute und zahlen sie später. Das ist plötzlich das Motto von Hodenhannes. Seit er mehr Geld hat gibt er viel mehr aus.

Als er zwei Tage später auf Arbeit geht macht er so richtigen Mist. Sein Spruch „Fehler sind das Privileg des Tüchtigen", welchen er sich als neuer Erfolgsmensch zu seinem Motto machen wollte, überzeugt seinen Vorgesetzten in keinster Weise. Er fühlt sich so wie er aussieht. Ein leerer Sack ohne Rückrad.

„Sie Wicht! Heute arbeiten Sie das nach! Und zwar alles. Von mir aus bis morgen früh. Sonst können sie sich die neue Stelle sonst wohin stecken. So viel Unfähigkeit habe ich noch nie gesehen. Lachhaft!"

Auf einmal wird Hodenhannes alles klar.

Was hab ich getan! Warum das nur?
Ist es denn meine Natur?
Wie wild gekauft ohne zu denken.
Lies mich nur von Sehnsucht lenken.

Sofort und ganz hab ich mich versklavt!
Dem Lohn, dem Chef, hab mich bestraft.
Ohne Not Schulden gemacht.
Was habe ich mir da nur gedacht?

Geld investiert das ich noch nicht hab,
das verfolgt mich bis ins Grab.
Auf der Suche nach dem Glück -
bin gefangen und kann nicht zurück.

Für den Job muss ich jetzt alles tun,
kann mich nicht mal drauf ausruhn.
Muss dafür stetig alles geben,
genieße kann ich kaum mein Leben.

Kann nicht sagen: Ich will nicht mehr!.
Da fehlt mir dann das Geld zu sehr.
Vor Kurzem hatte ich nie so viel!
Heute brauchts mein Lebensstil. "

NICHT DENKEN

Nachdem Hodenhannes darüber sinniert hat findet er sich langsam damit ab. Es war nun einmal seine Entscheidung und damit muss er jetzt leben. Die große Frage ist dabei: Wird er daraus lernen? Kann er den Drang nach Anerkennung unterdrücken? Man wird es sehen.

Dem Penispeter erzählt er allerdings nichts davon. Nie würde er zugeben wie sein Chef mit ihm umgegangen ist. Penispeter fragt natürlich nach dem Stand der Dinge.

„Auf Arbeit läuft es richtig gut,
was auf dem Respekt beruht.
Sie wissen was sie an mir haben
und ich erfülle die Vorgaben.
Gelobt haben sie mich sogar,
was auch keine Überraschung war.
Und im Team weiß man genau,
ich bin gut und richtig schlau.

Und dich frag ich noch in einem Satz:
Was macht er denn? Dein Arbeitsplatz!"

Penispeter ist heute überhaupt nicht so gesprächig. Er
macht Hodenhannes nicht einmal runter. Er läuft auch
etwas halbbabsch rum und nicht so fest und gestanden.
Das ist ein ganz neues Erscheinungsbild.

„Meine Arbeit? Das kann ich dir nicht erklären. Das
läuft dort anders, zu kompliziert."

*„Dieser neue Typ in der Nachbarschaft kotzt mich an.
Sieht aus wie ich. Etwas größer ist er. Aber dafür
ziemlich dünn. Doch die Weiber scheinen ihn zu mögen.
Ich weiß nicht wie. Aber ich muss ihn übertrumpfen.
Besser werden als er. In allen Belangen. "*

Dieser Druck hemmt Penispeter schon sehr. Er hat nur
noch wenig von seinem selbstsicheren und befreiten

Auftreten. Irgendwie muss er sein Selbstvertrauen zurückbekommen. Eine Art Potenzförderung nach außen hin. Eine Schwanzoptimierung für den ersten Eindruck sozusagen.

„Hodenhannes! Ich habe gerade erfahren, dass mein Auto kaputt ist. Das ist zum kotzen. Ich bin so darauf angewiesen. Würdest du mir deins mal leihen? Ich weiß sonst nicht was ich machen soll. So auf die Schnelle find ich keine neue Karre."

„Ich helfe dir natürlich gern.
Nein zu sagen liegt mir fern."

„Das ist nett von dir. Ach und übrigens. Ich habe einem Bekannten von mir von deinem beruflichen Erfolg erzählt. Das ist so toll, dass er es mir nicht glaubt. Kannst du mir vielleicht deinen Firmenausweis bis morgen geben? Da kann ich es ihm beweisen. Dort steht ja deine neue Anstellung mit drauf. Der wird gucken. Ich bin so stolz auf dich."

„Was wirklich? du erzählst von mir?
Oh wie gern helfe ich dir.
Dass du die Freude für mich zeigst,
dich vor meinem Erfolg verneigst.
Das zu wissen macht mich froh.
Und da helf ich sowieso."

„Geil. Mit dem Auto und diesem Job werde ich die Weiber beeindrucken und diesen anderen Spinner ausstechen. Ich kann doch keiner Frau erzählen was ich wirklich mache. Da gucken die mich mit ihrem Arsch nicht mehr an. Weil die alle zu blöde sind das zu begreifen. Sollen die nur weiter zur Arbeit gehen."

Penispeter haut auf den Putz. Er fährt direkt zu einer Bar und parkt natürlich im Halteverbot. Wo auch sonst? Das Auto muss ja davor stehen, sodass es jede sieht. Sonst wirkt es nicht.

So kann sich Penispeter einfach als Mensch wertvoller machen. Das Auto steht auffällig vor der Tür. Den Autoschlüssel legt er auffällig auf den Tisch. Sein Handy mit der Taschenlampenapp legt er so hin, dass der Schlüssel genau ausgeleuchtet wird. Außerdem hängt am Schlüssel noch ein glänzendes Etwas, es sieht aus wie ein Firmenlogo, sodass der Blickfang garantiert ist.

Es dauert eine halbe Stunde und eine richtig „geile Sau" setzt sich zu Penispeter. Sie ist beeindruckt von seinem Auto und seinem Handy. Wenigstens gehört ihm das Handy.

Penispeter zieht sein Portmonee aus der Tasche und legt es auf den Tisch. Ein grüner Schein guckt raus und natürlich der Firmenausweis.

Jetzt hat er es geschafft. Die Augen groß und im Schritt schon feucht lehnt sie sich zu ihm rüber. Sie macht den Mund auf und sagt etwas: „Wow! Toll!". Zwei ganze

Sätze. Mehr konnte man auch nicht erwarten. Selbst Penispeter war überrascht. Von seiner weiblichen Zielgruppe ist man so etwas nicht gewohnt. Gespräche sind da eher selten. Sie sind einfach nicht möglich.

„Die nehme ich mit nach Hause. Ganz stark von mir. Jetzt bin ich endlich wieder wie früher. Und dieser andere Schwanzkopf blitzt ab. So muss es sein!"

Viel später geht Penispeter zu Hodenhannes und gibt Ausweis und Auto zurück. Eigentlich…

„Mein guter Freund. Darf ich morgen noch einmal dein Auto bekommen? Ich weiß noch nicht ob ich meins reparieren soll oder mir ein neues Auto zulege."

„Natürlich! Das ist kein Problem.
Auf Arbeit kann ich zur Not gehn."

„Und eine ungewöhnliche Sache noch. Dein Firmen-ausweis ist aus richtig festem Material. Ich bräuchte ihn morgen mal für meine Wohnungstür. Mein Schlüssel ist abgebrochen. Ich bekomm die Tür aber mit einer stabilen Karte auf. Wäre das möglich?"

„Was ist denn das nur für ein Grund?
Fällt wirklich Wahrheit aus dem Mund?
Ich glaube dir! Doch sei gewiss,
es riecht ein wenig nach Beschiss.

Doch unter Freunden hilft man sich,
man lässt sich einfach nicht im Stich."

Auch an diesem Tag landet Penispeter einen Treffer.
Der andere Schwanzkopf ist sogar in derselben Bar.
Doch die Frau, sie schafft es nur auf einen Satz,
nämlich: Ja!, ist dem Penispeter total verfallen. Und er
kommt wieder richtig schön zum Zuge. Eine
Offenbarung war das.

*„Die Masche funktioniert perfekt. Irgendwie muss ich
Auto und Ausweis weiter bekommen. Aber der war
gestern schon so skeptisch. Dieser Egoist. Der soll mal
etwas kameradschaftlicher sein. So ein Idiot. Der weiß
das doch überhaupt nicht zu nutzen....
Ich habe eine Idee."*

Am späten Abend bringt Penispeter dem Hodenhannes
Auto und Ausweis zurück. Und noch etwas dazu.

„Hier mein lieber Hodenhannes. Ich schenke dir diesen
geilen Fernseher. Er hat über dreitausend Programme.
Eines besser als das andere. Weil du mir so geholfen
hast. Komm, ich schließe ihn dir an."

Gesagt, getan. Die Freunde bauen den drei Meter
Fernseher auf. Der ist wirklich sinnvoll, denn die Größe
hat... eben einfach Sinn. Wirklich!

Hodenhannes freut sich so sehr darüber. Durch seine neuen Kredite konnte er sich nämlich keinen solchen Fernseher mehr kaufen. Blos gut, dass Penispeter da ist. Zur rechten Zeit am rechten Ort.

„So! Ich hoffe der starrt nur noch in diese Kiste. So verlernt der vollkommen das Nachdenken und fragt mich nicht mehr so blöde Dinge. Von wegen Lügen und Beschiss.“

Ganz schön gerissen der Penispeter. Am nächsten Abend besucht er Hodenhannes wieder.

„Hi. Heute bin ich Bahn gefahren. Darf ich vielleicht noch einmal dein Auto haben? Und den Ausweis? Falls ich in eine Polizeikontrolle komme. So kann ich beweisen, dass der Wagen nicht gestohlen ist, weil ich dich kenne.“

„Ja mach dein Ding! Ist mir egal.
Ich schau gerade diese Wahl.
Der Mann entscheidet welche er fickt,
die andere wird dann gekickt.“

„Kann ich Auto und Ausweis vielleicht gleich den Rest der Woche haben? Meins ist noch nicht repariert. Und der Ausweis. Du weißt ja, wegen der Polizei.“

„Ich bin die Woche krankgeschrieben!
Ich hab es etwas übertrieben.
Die ganze Nacht kein Auge zu,
hab mich erregt über die blöde Kuh.

Die hat den Typen abserviert,
sein Leben ist jetzt ruiniert.
Ich muss es unbedingt noch wissen,
läufts für ihn weiter so beschissen?

Nimm das Zeug! Es stört mich nicht.
Für die Röhre ich gern mal verzicht!"

Penispeter nutzt das natürlich aus. Sein Plan ging auf.
Aber langsam bekommt er ein schlechtes Gefühl. Ist es
das Gewissen?

*„Der Hodenhannes übertreibt es ganz schön. Wenn der
sich extrem gehen lässt bringt mir das auch nichts.
Keiner neben dem ich so gut aussehe. Keiner der mir
sein Zeug leiht. Keiner auf dessen Buckel ich nach oben
klettern kann. Ich muss mir etwas einfallen lassen. "*

FUẞBALL

Bereits vier Tage versauert Hodenhannes nun schon zu Hause. Ganz allein schaut er sich ununterbrochen alle möglichen Serien an. Bei Penispeter läuten die Alarmglocken. Hodenhannes darf nicht zu sehr abrutschen.

„Es ist tatsächlich so gekommen. Er ist dieser Kiste total verfallen. Der nimmt ja überhaupt nichts mehr um sich herum wahr. Das ist ja krass. Wie kann man so dämlich sein und sich so diesem Ding opfern.
Und ich bin schuld. Ich brauch diesen Typen. Sonst muss ich wirklich noch einmal richtig arbeiten."

Penispeter bekommt es mit der Angst zu tun. Er geht zu Hodenhannes und versucht ihn da raus zu holen.

„Hei. Hier, für dich! ich bring dir dein Auto und die Karte zurück. Vielen Dank nochmals. Wollen wir heute etwas unternehmen?"

„Ich versteh nicht was das soll,
die lügt dem doch die Hucke voll.
Der ist so blind und rennt ihr nach.
Sie schon einmal in sein Herz rein stach!"

„Mensch du Spinner. Hebst du jetzt mal deinen Arsch von dem Sofa und machst das Ding aus? Du bist ja nicht ganz dicht!"

Penispeter wird schnell aggressiv wenn es nicht so läuft wie er will.

„Ich zieh dem jetzt den Stecker raus und dann gehen wir Fußball spielen."

„Steck das Dinge wieder rein!
Wie kann man nur so irre sein?
Ich will aus erster Hand erfahren;
ob sie schon immer verliebt waren.
Dann muss ich unbedingt noch sehen:
Was macht ihn krank? - Ich wills verstehen!"

„Hol deine Sportsachen. Wir gehen auf den Fußballplatz. Du verschenkst doch dein Leben mit dem Ding. Vielleicht sind dort paar heiße Weiber. Da kannst du mal reale Mann-Frau Geschichten erleben. Sowas Armseliges!"

„Na gut. Raus muss ich ja mal,
ich habe keine andre Wahl.
Denn Essen und Trinken - alles fast leer.
Zum Fernsehen gucken brauch ich mehr!"

Da gehen sie. Hodenhannes' Trikot verschwindet teilweise unter seinen Falten. Seine Haare verhindern die Sicht auf die Trikotnummer. Eigentlich auf das gesamte Trikot. Im Grunde braucht er kein Trikot. Er hat ja Haare an.

Penispeter sieht richtig sportlich aus. Ein wenig müde wirkt er. Wen wundert es. Nach den Sexeskapaden diese Woche.

Hodenhannes hat sich einige Tage lang nicht bewegt. Das führte zu einer Gewichtszunahme und einer Minderung seiner Leistungsfähigkeit. Wenn er es bis zum Tor schafft, dann kann er erst einmal da drin stehen bleiben.

„Ich schieße ein bisschen drauf. OK? Du versuchst dich zu bewegen. Da wäre schon viel erreicht.“

Schon wenig später kommt Ulme zu den beiden. Sie spielt schon lange Fußball und macht ein wenig mit. Sie schießt mit Penispeter auf das Tor. Hodenhannes deckt einen Teil des Tores gut ab. Den anderen Teil allerdings kann er nie erreichen.

„Das ist doch wirklich nicht zu fassen,
so wie ich spiel kann ichs auch lassen.
Jede Bewegung macht mich kaputt,
ich wirke wie ein Haufen Schutt.

So kann das hier nicht weiter gehn,
ich werde kämpfen und bestehn!
Das ist ja peinlich ohne Ende.
Ich kriege heute noch die Wende!"

Hodenhannes packt es an der Ehre. Nachdem Ulme sich sogar lustig über ihn gemacht hatte kann er nicht anders.

„Niemand der wie Ulme heißt
sich das Maul über mich zerreißt!"

„So ist es gut du Hodensack. Bewege deine müden Knochen! Weiter so!"

Ulme, Hodenhannes und Penispeter treten jetzt gegen drei andere an. Das wird ein Spiel. Hodenhannes macht die Abwehr und Penispeter den Sturm. Die Ulme kümmert sich um den Spielaufbau. Sie ist die einzige von den dreien die wenigstens ansatzweise im Team denken kann.

„Mensch bin ich gut, räum alles ab.
Du meine Güte - war das knapp!
Mein Pass auf Ulme, der war stark.
Jetzt macht die Alte so ein Quark!"

Der Hodenhannes macht viel mit Willen weg. Und man muss ihm lassen: Er kann nicht getunnelt werden. Da sein Körper auch zwischen den Beinen komplett den Raum bis zum Boden füllt ist er da unantastbar.

„Geil. Die Flanke ist hervorragend. Ich erreiche hier jeden Kopfball. Da kommt keiner ran.“

Die Ulme gibt sich wirklich Mühe. Arbeitet nach hinten und bedient Penispeter mit tollen Pässen und hohen Bällen. Penispeter allerdings betrachtet mehr ihre Bälle und das rächt sich. Er verliert fast jeden Zweikampf. Hodenhannes fängt das neunte Tor zum 0:9. Das war es gewesen. Fünfzehn Minuten packende Spannung.

„Ganz anders als vor der Glotze zu heulen. Oder Hodenhannes? Da heult man lieber im realen Leben.“

Ulme verzieht sich schnell. Sie möchte mit den beiden wahrscheinlich keine engere Freundschaft aufbauen.

„Diese Niederlage ist schon bitter.
Aber bald! Da bin ich fitter.
Ich arbeite jetzt fest an mir,
esse gesund und kaum noch Bier.

Ich werde besser! Ja und dann?
Dann sind wir mit gewinnen dran!

Das zu begreifen bedeutet was!
MEIN GRÖßTER ERFOLG!! So nenne ich das.“

„Oh man. Das ist gut. Jetzt hat der wieder Ehrgeiz und ich kann weiter so machen wie bisher. Da habe ich noch einmal Schwein gehabt!"

„Gut so Hodenhannes. Die holen wir uns andermal!"

ES STAGNIERT

„Hodenhannes hat sich heute um 180° gedreht. Das gibt ihm richtig Auftrieb. Hm. Wie sich das wohl anfühlt? Er hat sich mit seinem Gegammel zwar selbst in diese Situation gebracht. Das passiert eben bei solch einer Dummheit. Aber jetzt? Er hat die Kurve gekriegt und sich wie neu erfunden."

„Dieses Fernsehen ist schon fies!
Man denkt: Ich jetzt den Tag genieß.
Doch eigentlich verkümmert man!
Ja! Da ist was Wahres dran.
Man siecht dahin und schaltet ab.
Die Folge ist: Man fühlt sich schlapp.
Tag für Tag den gleichen Mist,
steht nur auf wenn man mal pisst.
Ansonsten liegt man dümmlich rum,
schaltet ab, wird dabei dumm!"

Hodenhannes hat viel für sich entdeckt. Dieses neue Ziel beim Fußball besser zu werden. Seine Zeit nicht zu verschwenden. Er arbeitet an sich und hat Erfolg. Natürlich ist er noch immer ein faltiger schwabbeliger Sack. Daran wird sich auch nichts ändern. Aber er ist einer der besser geformten Säcke. Und er fühlt sich gut.

Penispeter freut sich, dass er seinen Bückling wieder gefunden hat. Endlich wieder ein Rücken auf dem er nach oben steigen kann.

Allerdings kommt da auch ein wenig Unmut bei Penispeter durch. So ganz schlüssig sind seine Gedanken nämlich nicht.

„Dieser Erfolg den er da fühlt. Es tut ihm gut. Ich hatte das lang nicht mehr. Bei der Arbeit die ich mache. Ich kann es nicht richtig beschreiben. Und ich würde es nicht Arbeit nennen.
Darum habe ich eher andere Erfolge. Die sind für einen normalen Menschen nicht greifbar. Diese idiotische Freude über diese schwachsinnigen Erfolge bei ihm. Der weiß doch überhaut nicht worauf es ankommt!"

„Hodenhannes! Du musst mal was für mich tun. Meine Wohnung gefällt mir nicht mehr. Hilfst du mir vor-richten? Und auch meinen Garten. Er muss besser werden. Du weißt doch mit Pflanzen bescheid. Da musst du mal Hand anlegen. Du bist mir was schuldig. Immerhin habe ich dich zu dem Erfolg gezwungen. Sonst wärst du nie mit zum Fußball gekommen. Du würdest noch immer vor der Glotze hocken und verkümmern."

Penispeter merkt, dass er irgendwie nicht voran kommt. Der Erfolg von Hodenhannes hat ihn doch ein wenig angestoßen. Er möchte sich auch entwickeln. Sich selbst in die Hand nehmen und das nicht nur um zu wichsen. Soll er sich vielleicht auch mal gehen lassen, sodass er dann Erfolg beim Aufpäppeln hat?

„Vielleicht sollte ich das tun. Allerdings. Das ist doch sinnlos. Sich vorsätzlich schädigen um dann den Schaden abzuwenden."

Hodenhannes antwortet voller Selbstvertrauen und Tatendrang:

„Natürlich helfe ich dir gern.
Der Zeitpunkt aber steht in' Stern.
Helf dir doch selbst! Das tut gut.
Pack es an und hab den Mut!"

Penispeter geht erst einmal nach Hause. Mittlerweile ist der andere Schwanzkopf wieder weg und das Viertel gehört wieder ihm. Er kann sich wieder die Frauen raussuchen. Keine Konkurrenz mehr. Alles ist so wie früher.

„*Irgendwas muss ich doch tun. Ich werde mal drüber nachdenken. Also morgen. Heute besorg ich mir eine richtig geile Kirsche für die Nacht. Ich hätte zwar gern mal eine mit der ich mich auch unterhalten kann, aber solche treffe ich leider nicht. Ob es solche Frauen denn auch gibt?*
Die Ulme hatte ganze Sätze gesprochen. Auch relativ schnell hintereinander. Das war schon beeindruckend. Aber die wollte wohl nichts mit uns zu tun haben.
Das versteh ich überhaupt nicht. "

DIE BESTE ENTSCHEIDUNG

Hodenhannes besucht nach der Arbeit Penispeter. Es tut ihm etwas leid, dass er ihm gestern seine Hilfe gleich abgesprochen hat. Es wird sich sicherlich ein Weg finden beides unter einen Hut zu kriegen. Penispeters Veränderungen und auch die eigenen Ziele. Hodenhannes hat sich jetzt nämlich sogar im Fußballverein angemeldet. Er will es nun wissen. Und unter Anleitung trainiert es sich besser, denkt er.

„Penispeter. Wie geht es dir?
Trinken wir ein Schlückchen Bier?"

„Warum kommst du so angegrinst? Ich habe bis gerade eben geschlafen und du machst hier so einen Zirkus. Du denkst gleich, dass du sonst wer bist. Mensch! Wir haben 9:0 verloren und du bekommst jetzt Höhenflüge. Was stimmt mit dir nicht? Setz dich vor den Fernseher. Da gehörst du hin!"

„Jetzt bin ich schon etwas erstaunt.
Warum ist der denn so gelaunt?
Um Hilfe bat er gestern mich.
Ich lasse den gleich schön im Stich!"

Hodenhannes hat neues Selbstvertrauen. Das merkt man ihm an. Er ist jetzt auch ein etwas ovalerer Sack mit einer Auswölbung nach oben. Also er ist etwas größer. Optisch aufgewertet eben.

„Mein guter Freund. Handel bedacht!
Was du da sagst. Gebe drauf acht!
Schon oft hast du mich angemotzt,
hast mich verbal angerotzt.

Ich hab es meistens ruhig genommen,
reagierte stehts besonnen.
Doch weist du was ich wirklich denke?
Dass ich mich unnötig verrenke.

Ich passe mich dir dauernd an!
Und trotzdem bin ich immer dran.

Ich komm zum helfen heut vorbei,
letztens ich mein Auto leih."

„Das ist ja auch das Mindeste was du tun kannst! Lassen
wir das jetzt. Ich melde mich bei dir. Ich überlege was
ich umbauen will und mach mir einen Plan. Dann
kannst du mir helfen."

Penispeter ist standhaft. Er ist es nun einmal gewohnt,
dass Hodenhannes nachgibt. Wenn man das Säckel
anschaut denkt man auch immer, dass da etwas
nachgeben muss.

Doch bei Hodenhannes dämmert es langsam. Ihm wird
so manches klar. Was so ein wenig Selbstvertrauen und
wiedergefundene Selbstbestimmung bewirken.

„Ich sag es klar und grade raus.
Die Freundschaft, die ist heute aus.
Seit Ewigkeit benutzt du mich,
das geht mir voll gegen den Strich.

Mir wird da heut so manches klar,
ohne mich bist du nicht da.
Ohne mich kannst du nicht sein!
Und ohne dich fühl ich mich rein.

Drum such ich mir den neuen Freund,
einer der kein Dank versäumt.

Der Freundschaft wohl zu schätzen weiß.
Nicht wie du. So einen Scheiß!"

„Du wirst dich wundern! Du brauchst mich. Nur neben mir hast du es zu etwas gebracht. Hattest deine Erfolge. Ohne mich wirst du verkümmern!"

Hodenhannes geht weg. Er fühlt sich leer. Aber befreit. Viel Zeit hat es gedauert. Zeit, welche er nicht zurück bekommt. Schon lange hat er den negativen Einfluss von Penispeter erkannt.
Doch da gab es die eine Situation. Sie hat ihm gezeigt, dass er sich selbst in die Hand nehmen muss. Dass er jemand ist.
Wie wird sein Weg weitergehen? Was wird er daraus mitnehmen? Welche neuen Freunde können es werden? Ein Hoden allein ist auch nicht das Gelbe vom Ei.

„Was der Typ noch lernen muss:
Denke immer bis zum Schluss!
Was hat er mich so schlecht behandelt,
hat mein Ego so verschandelt.

Wenns für ihn gut war - musst ich spring!
Alle Räder in Bewegung bring!
Mein Interesse kam da kurz,
es interessierte ihn ein Furz.

So ist es und so war es immer.
Ich fands OK! – Das ist noch schlimmer!
Nie auch nur mal nachgefragt,
ständig einfach „Ja" gesagt.
Es kam die Zeit da dacht ich nach.
Sofort in ihm das Schwein ausbrach!
Gleich hat er mich abgelenkt -
und hat mein Hirn total verrenkt.
Fütterte mich mit Unsinnigkeit.
Und ich war dafür auch noch bereit!

Was hat mich bis jetzt nur geführt?
Warum hab ich das nie kapiert?
Viel Zeit habe ich so verloren.
Ich werde nur einmal geboren!

Die Einsicht kam jetzt über mich:
Ich lass mich nicht mehr so im Stich!

Was ich will in meinem einzgen Leben,
dahin werd ich von nun an streben.
Wer ab heute Teil in meinem Leben ist,
der das keinesfalls vergisst.

Weil ein Sack wie ich nun doch versteht,
dass ohne mich eben auch nichts geht!"

FORTSETZUNG: DIE REBELLION DER HODEN